Franz & Mary
Bei Stucks zu Hause

SIEVEKING
VERLAG

Vorwort

Vor ziemlich genau 120 Jahren ist Franz von Stuck in die Villa Stuck eingezogen, die er sich oberhalb der Isar hat bauen lassen. Stuck wollte damit etwas Einzigartiges schaffen: ein Gesamtkunstwerk, eine Mischung aus Architektur, Möbeln, Malerei und Skulpturen. Die Gäste, die ihn in seinem prachtvollen Haus besuchten, waren tatsächlich beeindruckt, so etwas hatten sie noch nie gesehen. Man nannte die Villa Stuck eine »moderne Sensation«.

Stuck lebte in der Villa mit seiner Frau Mary und seiner Tochter, die ebenfalls Mary genannt wurde. Die Umgebung sah zu der Zeit ganz anders aus als heute: Der Friedensengel wurde gerade erst gebaut, viele der benachbarten Häuser standen noch gar nicht und das Prinzregententheater wurde drei Jahre nach dem Bau der Villa Stuck eröffnet.

Die Villa Stuck war Treffpunkt für viele Künstler, Feste wurden gefeiert, und natürlich hat Franz von Stuck hier seine Bilder gemalt, gezeichnet und an seinen Skulpturen gearbeitet. In der Zeit um 1900 war München eine der wichtigsten Kunststädte überhaupt. Und Franz gehörte zu den berühmtesten Künstlern, der seine Werke in die ganze Welt verkaufte.

Das änderte sich jedoch und auf einmal waren Stucks Bilder nicht mehr so gefragt. Die Menschen sind nicht mehr nach München gefahren, sondern nach Paris, dort gab es aufregendere Künstler. In der Villa lebte später noch Stucks Tochter Mary mit ihrem Mann Albert Heilmann, doch wurde es immer schwieriger, ein so grosses Haus zu erhalten.

Die Rettung brachte Hans Joachim Ziersch. Ein Architekt, der in Bogenhausen gross geworden und nicht weit von der Villa zur Schule gegangen ist. Als er in den 1960er-Jahren bemerkte, wie schlecht es um die Villa Stuck stand, kaufte und renovierte er sie. Sein Traum war es, die Villa wieder so prachtvoll aussehen zu lassen wie zu Stucks Zeiten.

Die Menschen sollten sehen können, wie Stuck darin gelebt und gearbeitet hat. Ziersch wollte aus der Villa ein Museum machen, das – wieder – eine moderne Sensation ist.

Und er hat es geschafft: Am 9. März 1968 wurde das Museum Villa Stuck eröffnet, es gab eine Ausstellung mit Stucks Gemälden und Skulpturen, die Villa war gerettet!

Wenn dieses Buch erscheint, feiert das Museum also ein Jubiläum, 50 Jahre!

Die Idee, zu diesem Anlass ein Buch für Kinder, Jugendliche und Erwachsene zu machen, stammt von Anne Marr und Johanna Berüter, bei denen ich mich ganz herzlich für die tolle Initiative bedanke! Die beiden haben lange gesucht, wer die Geschichte von Franz und Mary Stuck am besten darstellen könnte, und sind bei Ulrike Steinke fündig geworden. Sie ist Künstlerin und Illustratorin und hat uns mit ihren Zeichnungen das schönste Geschenk gemacht. Jetzt gibt es nicht nur einen Blick in die Villa Stuck, sondern viel mehr. Aber schaut doch einfach gleich selbst ins Buch!

Margot Brandlhuber hat mit ihrem Wissen über Franz von Stuck und die Villa Stuck beigetragen, dass der Inhalt auch wissenschaftlich korrekt ist, Nadja Henle hat sich um die Bilder im Buch gekümmert und Tina Rausch die Texte überprüft. Für ihre Hilfe und Unterstützung danke ich den Dreien vielmals! »Franz & Mary. Bei Stucks zu Hause« erscheint im Sieveking Verlag. Mein grosser Dank gilt Caroline Sieveking und ihrem Team für ihre wunderbare Betreuung des Buches.

Michael Buhrs

Ein Künstler beugt sich über den Zeichentisch und ist tief in seine Arbeit versunken. Seine Frau betritt das Atelier. Sie blickt ihm über die Schulter und betrachtet sein Bild.

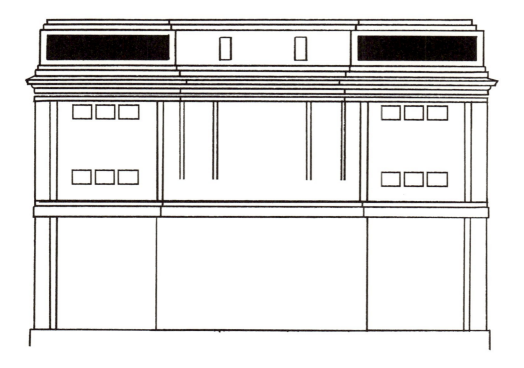

»Entwirfst du die Villa, die ich mir so sehr wünsche?«, fragt sie.
»Ja«, antwortet der Künstler, »sieh her, das wird die Fassade...«
»Und wo wird der Eingang sein?«, fragt seine Frau.

NORDFASSADE

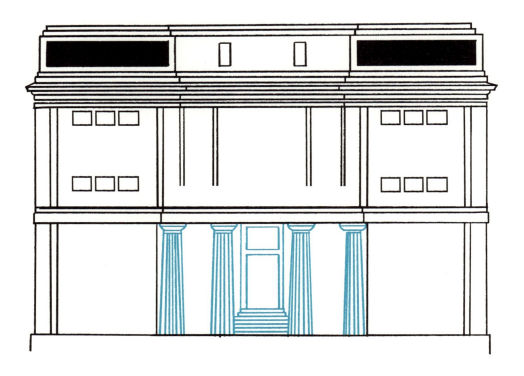

»Es wird einen Säuleneingang geben, durch den wir das Haus betreten«, antwortet der Künstler.
»Und wo sind die Fenster?«, fragt seine Frau. »Unsere Villa braucht doch Licht!«

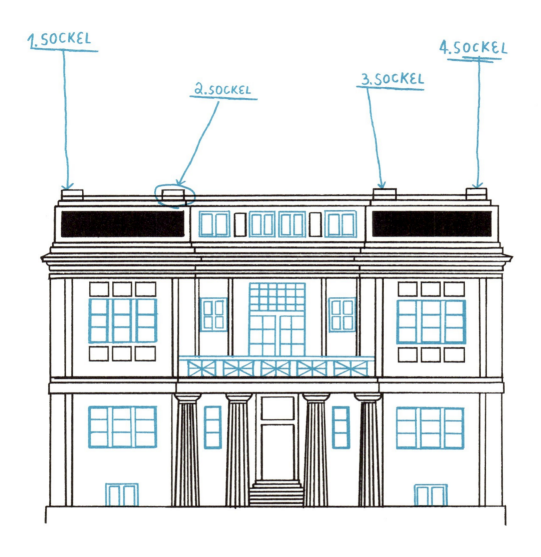

»Hier«, antwortet der Künstler und zeichnet gleich noch einen Balkon und eine Balkontür hinzu.
»Und dann überlege ich, was auf die leeren Sockel auf dem Dach kommt ...«, murmelt er gedankenverloren.

»Dort werden Götterstatuen stehen, unsere Bewunderung der Antike soll für alle sichtbar sein!«, ruft Mary Stuck. »Fantastisch«, antwortet der Künstler. »So machen wir es!«

»Und wo werde ich flanieren können?«, fragt Mary.
»Im Garten, hinter dem Haus«, sagt Franz Stuck.
»Links wird es einen Säulengang geben, eine Pergola«,
schlägt Mary vor. »Und einen kleinen Hund möchte
ich auch haben, Floxi soll er heißen!«

»Wir brauchen auch noch jemanden, der unser schönes neues Zuhause beschützt«, gibt Mary zu bedenken.
»Da hast du recht«, sagt Franz. Er überlegt kurz und zeichnet dann eine große Wölfin rechts neben die Villa.

»Unsere Villa soll eine herrschaftliche Auffahrt haben, wir werden uns bald ein Automobil kaufen!«
Schnell zeichnet ihr Mann auch das aufs Blatt.
Sie sehen sich an und fragen gleichzeitig: »Wann ziehen wir ein?«

Nach ein paar Jahren wird es in der Villa schon zu eng. Ein neues Atelier muss her!

WO STAND DIE VILLA?

Dieser Plan von 1900 zeigt Orte in München, die für Franz von Stuck von Bedeutung waren. Er wohnte in der Gabelsbergerstraße 39, in der Schraudolphstraße 5, in der Augustenstraße 77 und in der Schellingstraße 5. Zum Arbeiten ging er in sein Atelier in die Theresienstraße 148. Bis er 1898 in seine selbst erbaute Villa zog.

Findest du auf dem Plan die zwei Ausstellungshäuser Glaspalast und Secessionsgebäude? Diese existieren heute nicht mehr, waren aber für Franz von Stuck wichtige Ausstellungsorte.

UND WER ENTDECKT DEN BAHNHOF AUF DEM STADTPLAN?

FRANZ STUCK

1863 — Franz wird in Niederbayern als Müllerssohn geboren.

Mit 15 geht er an die Kunstgewerbeschule in München.

1881 — Dann studiert er an der Akademie der bildenden Künste.

Zu Abschlussfesten spielen sie hier Theater.

1889 — Mit 26 gelingt Franz der künstlerische Durchbruch.

Gemeinsam mit Kollegen gründet er einen neuen Künstlerverein.

1895 — Franz wird Professor an der Akademie.

1896 — Die Bäckerstochter Anna Maria Brandmaier gebärt ihm ein Kind.

DAS EHEPAAR STVCK

1897

FRANZ HEIRATET DIE WITWE MARY HOOSE-LINDPAINTNER.

SIE IST EINE BEKANNTE SCHÖNHEIT DER MÜNCHNER GESELLSCHAFT.

ZUNÄCHST WOHNEN SIE IN EINER 7-ZIMMER-WOHNUNG.

DANN ENTWIRFT FRANZ DIE VILLA UND DER BAU BEGINNT.

1898

DIE STVCKS BEZIEHEN DIE GROSSE VILLA.

FRANZ WIRD FÜR DIE MÖBEL DER VILLA STVCK AUSGEZEICHNET.

1904

STVCKS ADOPTIEREN DIE KLEINE MARY UND HOLEN SIE IN DIE VILLA.

OTTO UND OLGA LEBEN NICHT IN DER VILLA, SONDERN IM INTERNAT.

FRANZ IST SEHR AUF SEINE ÄUSSERE ERSCHEINUNG BEDACHT.
ER TRAINIERT TÄGLICH, SOGAR MIT HANTELN.

SEINE FRAU MARY SITZT FÜR IHN HÄUFIG MODELL. DIE KLEINE MARY AUCH.

MIT 42 ERHÄLT FRANZ DEN ADELS-
TITEL UND DAS RITTERKREUZ.

SOGLEICH ENTWIRFT ER
SEIN EIGENES WAPPEN...

1910 BEGINNT EINE SCHWERE PHASE.
FRANZ' KUNST GILT ALS VERALTET.

AM 30. AUGUST 1928 STIRBT FRANZ.
SEINE FRAU MARY EIN JAHR SPÄTER.

HOMAGE TO THE SQUARE: ON THE WAY, 1959

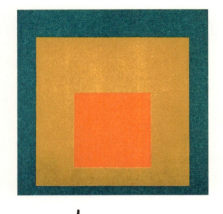

KOMPOSITION VIII, 1923

PAUL KLEE
1879–1940

WASSILY KANDINSKY
1866–1944

EXPRESSIONISMUS
KONSTRUKTIVISMUS

ABSTRAKTION

JOSEF ALBERS
1888–1976

KONKRETE KUNST

SÜDLICHE GÄRTEN, 1919

MYSTERY AND MELANCHOLY
OF A STREET, 1914

HANS PURRMANN
1880-1966

EXPRESSIONISMUS

GIORGIO DE CHIRICO
1888-1978

SELBSTBILDNIS, 1907

ALBERT WEISGERBER
1878-1915

STILLLEBEN, 1908

METHAPHYSISCHE
MALEREI

IMPRESSIONISMUS

STUCKS SCHÜLER Franz von Stuck war Professor an der Münchner Kunstakademie. Er war ein Lehrer, der den persönlichen Stil und die Begabung seiner Schüler förderte. Einige von ihnen wurden sehr berühmt. Kennst du vielleicht einen davon?

PRINZREGENT LUITPOLD VON BAYERN

THOMAS MANN — SCHRIFTSTELLER

FRANZ VON LENBACH — MALER + TRAUZEUGE + KONKURRENT

ISADORA DUNCAN — TÄNZERIN + CHOREOGRAFIN

RICHARD STRAUSS — KOMPONIST

RAINER MARIA RILKE — LYRIKER

ZEITGENOSSEN Um 1900 war München neben Paris die bedeutendste »Kunststadt« Europas. Hier lebten viele Maler, Musiker und Schriftsteller. Es wurden zahlreiche Zeitschriften und Künstlergruppen gegründet. Die Kunstakademie war für die gute Ausbildung von Künstlern bekannt.

Aber in München lebten damals auch andere interessante Leute. Hier eine Auswahl davon...

WILHELM CONRAD RÖNTGEN — PHYSIKER + NACHBAR

FRANZISKA ZU REVENTLOW — SCHRIFTSTELLERIN + MALERIN

ALFRED KUBIN — GRAFIKER + SCHRIFTSTELLER + ILLUSTRATOR

PETER BEHRENS — ARCHITEKT + DESIGNER + TYPOGRAF

TILLA DURIEUX — SCHAUSPIELERIN + STUCKS MODELL

RUDOLF DIESEL — INGENIEUR + NACHBAR

FRANK WEDEKIND — DRAMATIKER

GIB DER BRONZE EINE KRIEGSBEMALUNG!

SPEERSCHLEUDERNDE AMAZONE Wer kennt die nackte Reiterin, die ohne Sattel und Zaumzeug auf dem Pferd sitzt? Das ist eine Amazone. Sie gehört zu einem kriegerischen Frauenvolk, das beinahe unbesiegbar war. Mit dieser großen Bronzeplastik hatte Franz von Stuck seinen ersten großen Erfolg als Bildhauer. Sie wiegt so viel wie ein kleines Auto!

VESTIBÜL (von lateinisch *vestibulum,* geschmückter Vorplatz) Als Besucher der Villa Stuck betritt man als Erstes das Vestibül. Ein Vorraum, in dem sich früher die Besucher anmeldeten und ihre Gastgeschenke und Garderobe abgaben.

DER RAUM IST NATÜRLICH NICHT LEER.
WAS GEHÖRT HIERHER? DIE ZAHLEN HELFEN DIR WEITER!

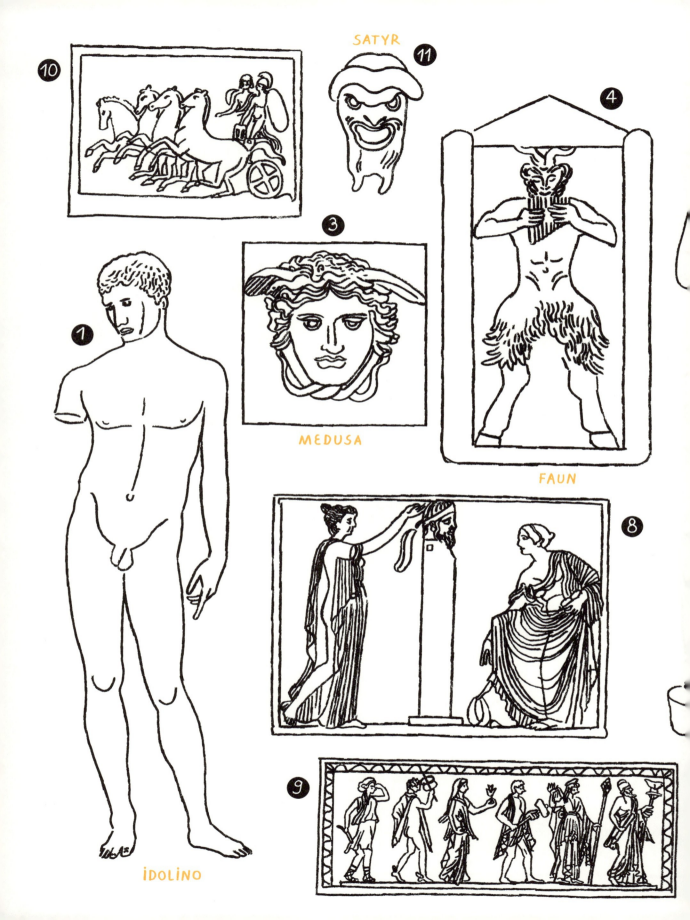

RELIEF EINER TÖDLICH GETROFFENEN LÖWIN

MÄNADE

VENUS

ANTIKE In der Villa Stuck kann man viele Bezüge zur Antike entdecken. Aber was ist das eigentlich, die Antike? Mit Antike bezeichnet man die Zeit des griechisch-römischen Altertums vom 2. Jahrtausend vor Christus bis um 500 nach Christus. Die Kultur der Antike hat spätere Kulturen wie auch die unsere geprägt. So wurde die Demokratie in Griechenland begründet, Wegweisendes in den Bereichen Theater, Kunst und Architektur entwickelt und die Olympischen Spiele wurden ins Leben gerufen. Gelehrte Griechen haben ihre Gedanken und Erkenntnisse aufgeschrieben und einiges davon ist bis heute erhalten. Den Namen Pythagoras kennt man aus dem Matheunterricht und auch Homers Odysseus ist vielen bekannt.

IDOLINO & VENUS Zwei Skulpturen begrüßen uns. Die schwarze Skulptur zeigt einen sportlichen jungen Herrn: den jugendlichen Sieger Idolino. Die weiße Dame ihm gegenüber steht für die Göttin der Liebe: Venus. Die beiden Skulpturen ähneln dem Ehepaar Stuck, die ihre Gäste so in Göttergestalt willkommen heißen.

NACKTHEIT Schon bemerkt? Idolino und Venus sind nackt. Künstler haben damals häufig nackte Skulpturen geschaffen, das entsprach dem damaligen Körperkult. Aber heißt das auch, dass die Menschen alle nackt herumliefen? Nein, natürlich nicht, denn auch in der Antike war angemessene Kleidung angesagt. Allerdings war Nacktheit nicht so ein Tabu wie in späteren Jahrhunderten.
Nackte Statuen zeigen oft männliche Sportler in Aktion. Ganz wie damals: Männer übten bei den Olympischen Spielen und im sogenannten *gymnásion* alle Sportarten unbekleidet aus – *gymnos* heißt auf Griechisch nackt. Ein schöner Körper demonstrierte Gesundheit, Leistungsfähigkeit und innere Schönheit. Auch Frauen trieben damals Sport, doch stets bekleidet, und so wurden sie auch dargestellt. Das galt auch für Statuen von Philosophen, mit ihren typischen in Falten gelegten langen Gewändern.

MEDUSA Eine griechische Sage erzählt, dass die wunderschöne Medusa von der Göttin Athene in eine hässliche Fratze verzaubert wurde. Anstatt Haaren wuchsen ihr von da an Schlangen auf dem Kopf. Sie konnte mit ihrem todbringenden Blick Menschen in Stein verwandeln! Ganz schön gruselig? Nein, bei Franz und Mary sollte die Medusa das Haus vor Unheil schützen!

FAUN Faune sind Mischwesen mit dem Oberkörper eines Menschen und dem Unterkörper eines Ziegenbocks. Sie sind Geschöpfe des Waldes und der Weiden, die als Traumgestalten die Menschen verwirren und quälen.

RELIEFS In den Reliefs (das sind aus einer Fläche herausgearbeitete plastische Kunstwerke) tanzen, musizieren und feiern die Götter und Halbgötter der griechischen Sagen. Alle diese Motive veranschaulichen die Gastfreundschaft und die Geselligkeit der Familie Stuck.

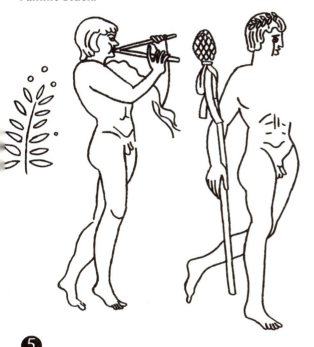

SATYR Der Satyr sieht eigentlich wie ein Mensch aus ... wenn man von seinen Pferdefüßen, Spitzohren und kleinen Hörnern einmal absieht. Er kommt als Fabelwesen in der griechischen Mythologie vor.

MÄNADE Mänaden sind Frauen, die Dionysos, den Gott des Weines, begleiten. Sie singen, tanzen und musizieren dabei. Meistens tragen sie Kränze aus Efeu oder aus Eichenlaub auf dem Kopf. Mänaden gelten als wild und stark.

11 12

In der Villa Stuck hängen im Vestibül zwei Theatermasken, die im Hause eines reichen Römers einst als Wandschmuck dienten. Sie zeigen einen Satyr und eine Mänade. Im antiken Theater trugen die Schauspieler Masken. Auch Frauenrollen wurden alle von Männern gespielt.

5

RELIEF EINER GETROFFENEN LÖWIN
Das Relief einer von Pfeilen getroffenen Löwin ist ein Abguss. Es zeigt einen Ausschnitt von einem Bildwerk aus dem 7. Jahrhundert vor Christus, das für den Palast eines assyrischen Königs in Ninive geschaffen wurde und den Herrscher bei der Löwenjagd abbildet.

MOSAIKBODEN Der Fußboden im Vestibül besteht aus einem schwarz-weißen Mosaik, das an die Zeit der Römer erinnert. Kennst du die Schlangenart? Sie kann den Hals weit spreizen, wenn Gefahr droht. Bei den alten Römern sollte die Schlange das Haus vor Unheil schützen. Der Löwe und der Adler sind Symbole der Stärke!

WELCHES TIER BESCHÜTZT DEIN HAUS?

WER IST DEIN KÖNIG DER TIERE?

IST DIESER VOGEL EIN ADLER ODER EINE TAUBE?

KASSETTENDECKE Die Decke im Vestibül ist in Quadrate, sogenannte Kassetten, eingeteilt. In diesen Kassetten befinden sich verschiedene Muster in den Farben Weiß, Gelb und Schwarz. Ein umlaufender Spiralfries rahmt das Ganze ein.

FALLEN DIR NOCH ANDERE MUSTER EIN?

GORGONENHAUPT Schon wieder die Medusa! Dieses Mal an der Eingangstür aus Bronze. Ob sich der Briefträger jedes Mal gefürchtet hat, die Post in das gefräßige Maul zu werfen?

KANNST DU AUCH MENSCHEN VERSTEINERN? VIELLEICHT KLAPPT'S!

PARTY BEI DEN GÖTTERN Der Weingott Dionysos hat zu viel getrunken. Die Gäste tanzen und musizieren. Zu später Stunde wird die Diskokugel rausgeholt ...

WIE GEHT DIE PARTY WEITER?

GÖTTERLABYRINTH In der antiken Mythologie gibt es viele verschiedene Götter und Göttinnen. Jeder Gott hat seine eigenen Aufgaben. Apollon ist zum Beispiel der Gott der Musik, Athene die Göttin der Weisheit. Um sich bei so vielen Göttern zurechtzufinden, wurden sie meistens mit den zu ihnen gehörenden Gegenständen (Attributen) gezeigt. So konnte man sie gleich erkennen. Verbinde Götter und Gegenstände mit verschiedenen Farbstiften.

EMPFANGSSALON Der Empfangssalon ist der prächtigste Raum des Hauses, in dem Franz seine Gäste begrüßte. Der Boden besteht aus einem kostbaren Mosaikparkett.

An den Wänden glitzert ein Goldmosaik und die Fenster sind mit silberverspiegelten venezianischen Glasplatten verschlossen. Im Raum herrscht eine märchenhafte Dunkelheit. Hier wurden elektrische

Glühlampen eingebaut, die damals etwas ganz Neues waren. So zeigte Franz seinen Besuchern, wie modern er war. Und das warme Licht der Kohlefadenlampen lässt die Gold- und Silberflächen ganz zauberhaft schimmern.

WIE SAHEN WOHL DIE MÖBEL AUS? DU FINDEST SIE GANZ HINTEN IM BUCH!

MUSTER Franz plante seine Villa bis ins Detail. Das Mosaikparkett ist aus Quadraten und Dreiecken zusammengesetzt – ähnlich wie der Fußboden in der Kirche San Marco in Venedig. Das Muster auf dem Möbelstoff hat ein Kollege aus der Kunstgewerbeschule entworfen.

SCHABLONENDRUCK Auch das Motiv auf dem Vorhang ist besonders. Solche Muster wurden häufig mittels einer Schablone auf die Stoffe übertragen.

BEDRUCKE STOFFE MIT DER VORHANG-BLUME DES EMPFANGSSALONS!

ÜBERTRAGE DIE VORLAGE MIT EINEM FOLIENSTIFT AUF EINE FOLIE. SCHNEIDE DIE SCHWARZEN FLÄCHEN MIT EINEM SKALPELL AUS. LEGE DIE SCHABLONE AUF DEINEN STOFF UND SCHABLONIERE DIE FARBE MIT DEM PINSEL DURCH.

PLAYSTATION MARMOR LEINEN GOLD PLASTIK
TEPPICH
VORHANG
PARKETT HANDY STAUBSAUGER
AQUARIUM
KAMIN
HOLZ
Ich sehe was, was du nicht siehst...
BROKAT
NYLON
GIPS GLAS WOLLE SPIEGEL
FERNSEHER
MÖBEL
WAS GAB ES NICHT BEI FRANZ ZU HAUSE?
SEIDE
GLÜHBIRNEN
....

MUSIKSALON Die Stucks waren musikbegeistert. Die Wände zeigen Figuren und Szenen, die alle mit Musik zu tun haben, und tragen die Namen berühmter Komponisten. Mary war eine begabte Sängerin, und hier fanden auch oft Konzerte statt.

SUDOKU

LYRA, PANFLÖTE, TAMBURIN, QUERFLÖTE

KENNST DU DIESE INSTRUMENTE?
ZEICHNE SIE IN DIE KÄSTCHEN DES SUDOKUS.
JEDES INSTRUMENT DARF NUR EINMAL
IN JEDER SPALTE, IN JEDER REIHE UND IN
JEDEM VIERERQUADRAT VORKOMMEN.

DER MANN DER NICHT MVSIK HAT IN IHM SELBST
DEN NICHT DIE EINTRACHT SVSSER TÖNE RÜHRT
TAVGT ZV VERRAT ZVR RÄVBEREI VND TÜCKEN
TRAV KEINEM SOLCHEN!

STERNENHIMMEL Besonders schön ist auch der in Blau und Gold gemalte Sternenhimmel an der Decke. Kannst du alle acht Planeten entdecken? Die Sonne in der Mitte besteht aus echten Glühlampen und sogar die Milchstraße und eine Sternschnuppe sind dargestellt. Im äußersten Kreis sieht man alle zwölf Sternzeichen. Findest du dein Sternzeichen?

FINDE DIE FÜNF UNTERSCHIEDE IN DEN TANZBILDERN!

SERPENTINENTÄNZERINNEN Das Relief erinnert an die amerikanische Tänzerin Loïe Fuller. Diese erregte mit dem von ihr erfundenen Tanz »Serpentine« Aufsehen. Die Tänzerinnen trugen Kleider aus leichtem Stoff und wirbelten über die Bühne.

WENN ORPHEVS SANG
DANN KAMEN
DIE THIERE DER ERDE
DIE VÖGEL IN DER LVFT
DIE FISCHE IM WASSER
VND LAVSCHTEN

Eine griechische Sage liebte Franz von Stuck besonders: die Geschichte von Orpheus, der mit seinem wunderbaren Gesang sogar Tiere verzauberte. Stuck hat die vielen wilden Tiere und den Sänger Orpheus oft in seinen Bildern gemalt und im Musiksalon sogar eine ganze Wand dazu gestaltet.

KOSTÜMFESTE Franz und seine Frau haben oft zu Festen eingeladen, wo viel musiziert, getanzt und diskutiert wurde. Aber auch seine Tochter Mary durfte in der Villa Partys feiern. Hier siehst du ein Foto von ihrem Kostümfest – kannst du Mary finden?

SPEISESAAL Der große Speisesaal hatte eine Tür zum Garten. In dem behaglichen Wohnraum lagen Teppiche, an den Wänden waren chinesische Kacheln, und Möbel aus verschiedenen Ländern und Stilepochen zierten das Zimmer. Ein Lift fuhr das warme Essen von der Küche im oberen Stockwerk in den Speisesaal – damals eine ganz moderne Sache! Leider ist im Zweiten Weltkrieg vieles davon zerstört worden.

DEIN WUNSCHMENÜ

1. GANG

2. GANG

3. GANG

4. GANG

5. GANG

6. GANG

7. GANG

8. GANG

BOUDOIR   Stell dir vor, es gab Räume, die entweder nur für Frauen oder nur für Männer gedacht waren: Im Hause Stuck war es üblich, dass sich die Damen nach dem Essen in das sogenannte Boudoir begaben. Mary zog sich hierher auch zum Lesen zurück. Damals war es mit Teppichen und Polstermöbeln sehr gemütlich. Ein Großteil der Ausstattung ist leider im Zweiten Weltkrieg zerstört worden.

RAUCHSALON Und die Herren der Gesellschaft? Die fanden sich nach dem Essen im Rauchsalon ein. Ob da jeder qualmen musste?

ATELIER Das Malatelier war wie ein Festsaal ausgestattet. Durch das breite Atelierfenster mit Balkontür scheint reiches Nordlicht, welches die Künstler am liebsten zum Malen haben. Bekannte Personen aus Wissenschaft, Kunst und von Adel wurden hierher eingeladen. Einige ließen sich auch von Franz malen.

TOCHTER MARY
MIT ROTEN KIRSCHEN,
1905

MARY MIT PAPA FRANZ,
1906

TOCHTER MARY IM KOSTÜM
EINER SPANISCHEN INFANTIN, 1908

STUDIE ZU »WÄCHTER DES PARADIESES«,
1889

FRAU MARY,
FEBRUAR 1902

FOTOALBUM Die Technik der Fotografie war damals noch sehr neu. Franz nutzte sie zur Vorbereitung seiner Gemälde. Mary kannte sich sehr gut mit der Kamera aus. Sie richtete im Keller der Villa sogar ein Fotolabor ein. Seine Tochter Mary stand oft vor der Kamera. Der Künstler ließ sich manchmal auch selbst fotografieren. Auf den Fotos konnte er unterschiedliche Posen ausprobieren, die ihm später als Vorlagen dienten.

DIE SCHAUSPIELERIN »TILLA DURIEUX ALS CIRCE«
(STUDIE), UM 1912/13

TOCHTER MARY MIT FLOXI, 1907

FRANZ STUCK, UM 1895

LYDIA FEEZ ALS »VERWUNDETE AMAZONE«
(STUDIE), UM 1904

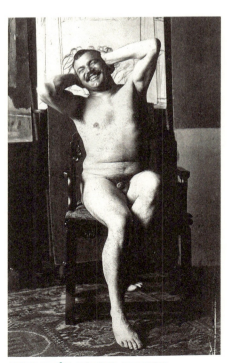

FRANZ IN EINER STUDIE
FÜR DIE »DISSONANZ«, UM 1905

FRANZ UND MARY IM ATELIER,
ÖL AUF LEINWAND,
1902

Franz von Stuck malte den »Wächter des Paradieses« mit 26 Jahren. Er gewann eine Goldmedaille dafür – seine Karriere konnte beginnen! Das Bild machte ihn schlagartig berühmt, und er erhielt durch den Verkauf viel Geld. Davon konnten er und seine Frau Mary die Villa bauen.

Der riesige Engel mit den Flügeln schaut Franz von Stuck verdächtig ähnlich. Er passt mit seinem Flammenschwert auf, dass die Menschen das Paradies nach dem Sündenfall von Adam und Eva nicht mehr betreten. Man sieht es hier nur verschwommen in aufgelösten Sternen und angedeuteten Blumen. Wir müssen uns das Paradies also selbst vorstellen. Das ist ein gutes Beispiel für die Kunst des Symbolismus.

WIE WÜRDEST DU DAS PARADIES MALEN?

ALTAR IM MALATELIER Einen Altar kennst du wahrscheinlich aus der Kirche, aber hier ist er für die Kunst errichtet worden. Links tanzt eine Frau. Rechts steht der »Kugelstemmende Athlet« – vielleicht der Künstler selber?

DIE SVENDE

DIE SÜNDE

Das Bild »Die Sünde« erinnert an die Geschichte aus der Bibel: die Vertreibung aus dem Paradies. Die Schlange flüstert Eva zu: »Du darfst von dem Apfel essen ...«

FABELWESEN

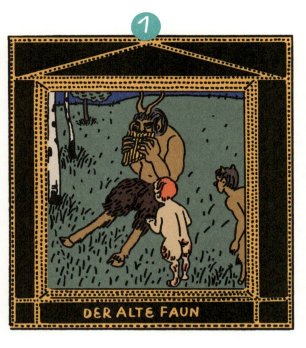
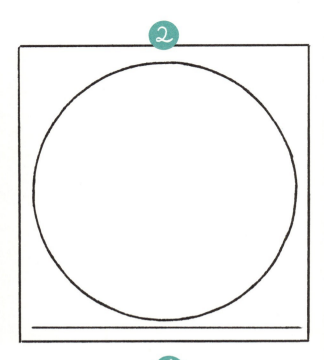

Der wilde Faun mit seinen haarigen Bocksbeinen spielt auf der Panflöte. Zwei Satyrn laufen herbei.

WAS PASSIERT WOHL IM FEHLENDEN TEIL DER BILDGESCHICHTE?
ERFINDE DU DIE MITTLEREN SZENEN.

Stilmix

Franz fiel es nicht schwer, verschiedene Stile zu kombinieren. Er bediente sich beim Klassizismus, Symbolismus und beim Jugendstil und vermischte ohne Bedenken alle Formen und Ideen. So entstand die besondere Art seiner Malerei – und die gesamte Ausstattung der Villa Stuck wurde zu einem Gesamtkunstwerk!

FvS MONSTER-QUARTETT

VERTEILE MONSTERPUNKTE!

MEDUSA

GRUSELFAKTOR: _____
SCHÖNHEIT: _____
GRÖSSE: _____
BOSHAFTIGKEIT: _____
SPEZIALATTACKE: VERSTEINERNDER BLICK

SPHINX

GRUSELFAKTOR: _____
SCHÖNHEIT: _____
GRÖSSE: _____
BOSHAFTIGKEIT: _____
SPEZIALATTACKE: WÜRGEN & VERSCHLINGEN

SATYR

GRUSELFAKTOR: _____
SCHÖNHEIT: _____
GRÖSSE: _____
BOSHAFTIGKEIT: _____
SPEZIALATTACKE: SCHRÄGE TÖNE

HYDRA

GRUSELFAKTOR: _____
SCHÖNHEIT: _____
GRÖSSE: _____
BOSHAFTIGKEIT: _____
SPEZIALATTACKE: GIFTIGER ATEM

Franz hat einige Buchcover entworfen. Als erfolgreicher Zeichner gestaltete er auch Titelblätter und illustrierte Zeitschriften wie *PAN* und *Jugend*.

Stucks Ausstellungsplakate sind heute noch sehr bekannt und wertvoll.

KÜNSTLERGARTEN Der Garten des Künstlers ist von der Außenwelt abgeschirmt. Auch hier hat Franz einiges bei den Römern abgeschaut. Er hat einen Brunnen und viele Statuen hineingestellt.

Und was sind das für komische Säulen? Alles Köpfe berühmter Dichter, Denker und Schriftsteller der Antike auf rechteckigen Pfeilern, den sogenannte Hermen.

EPIKUR

ALKIBIADES

PERIKLES

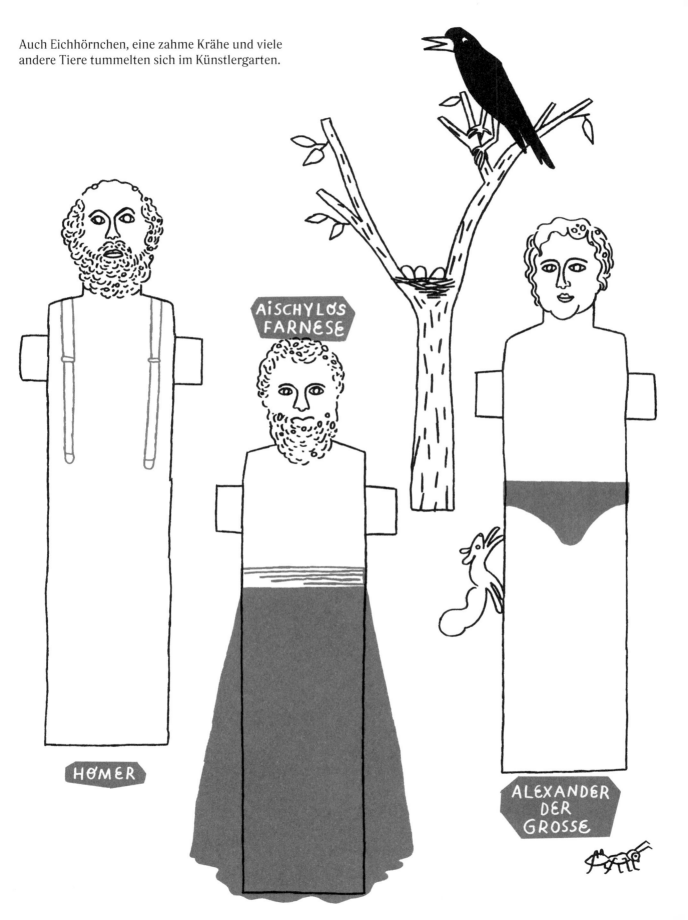

NIMM DIR EIN GROSSES BLATT PAPIER. ZEICHNE DEINEN EIGENEN EMPFANGSSALON UND BESTÜCKE IHN MIT MÖBELN DER VILLA STUCK!

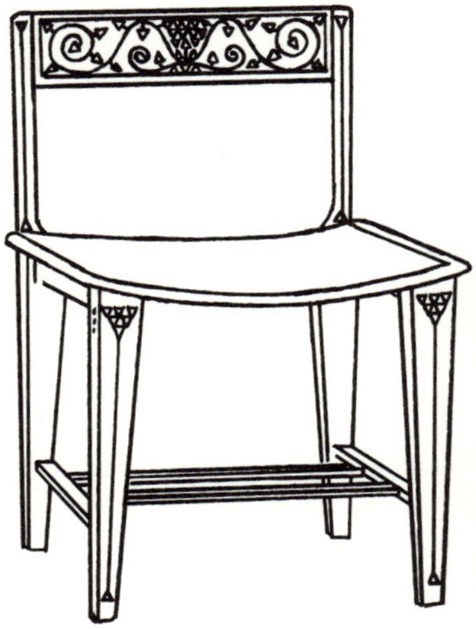

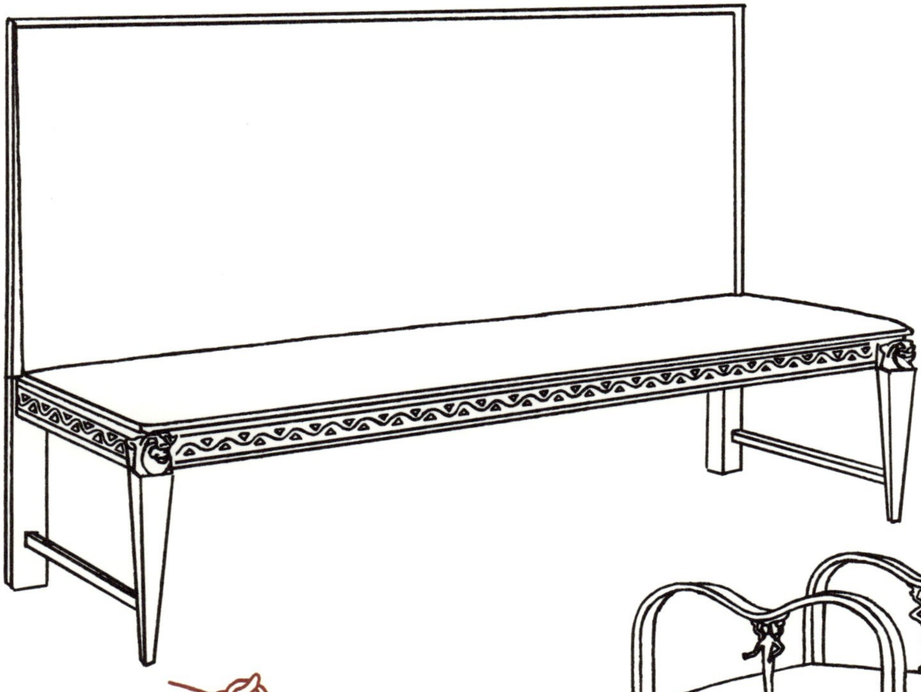

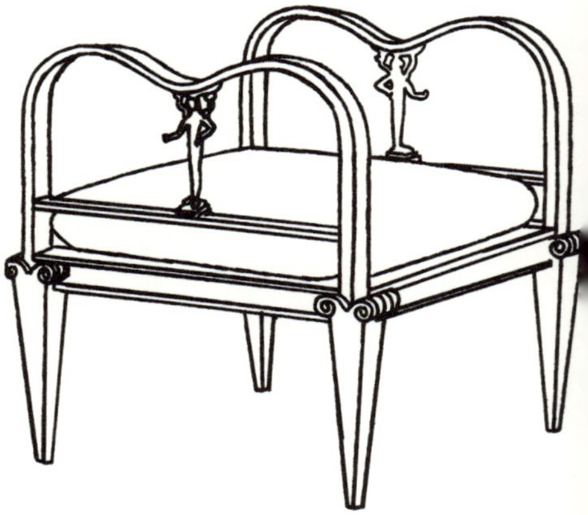

AUSSCHNEIDEBOGEN
MOBILIAR
EMPFANGSSALON

ABBILDUNGSNACHWEIS

Sämtliche Illustrationen: Ulrike Steinke
Entwurf des Neuen Ateliers, Museum Villa Stuck, Foto: August Lorenz
Stucks Schüler, Josef Albers: *Homage to the Square* © bpk / Nationalgalerie, SMB / Jörg P. Anders © The Josef and Anni Albers Foundation / VG Bild-Kunst, Bonn 2018; Paul Klee: *Southern Gardens* © pk / The Metropolitan Museum of Art; Wassily Kandinsky: *Composition Number 8,* 1923, oil on canvas, Kandinsky, Wassily (1866–1944) / Solomon R. Guggenheim Museum, New York, USA / Bridgeman Images; Hans Purrmann: *Stillleben* © bpk / Nationalgalerie, SMB / Andres Kilger © VG Bild-Kunst, Bonn 2018; Giorgio de Chirico: *Mystery and Melancholy of a Street,* 1914, by Giorgio de Chirico (1888–1978), oil on canvas, (87 x 71 cm). Italy, 20th century, Chirico, Giorgio de (1888–1978) / Private Collection / De Agostini Picture Library / G. Nimatallah / Bridgeman Images © VG Bild-Kunst, Bonn 2018; Albert Weisgerber: *Selbstbildnis* © bpk / Staatliche Kunstsammlungen Dresden / Elke Estel
Goldmosaik im Empfangssalon, Museum Villa Stuck, Foto: Nikolaus Steglich
Blick vom Musiksalon in den Empfangssalon, Museum Villa Stuck, Foto: Nikolaus Steglich
Sternenhimmel im Musiksalon, Museum Villa Stuck, Foto: Jens Weber
Kostümfest in der Villa Stuck mit Mary im Velazquez-Kostüm, 1908, Foto: Privatbesitz
Historische Fotografien von Speisesaal, Boudoir und Atelier in: Fritz von Ostini, *Villa Franz von Stuck,* Darmstadt 1909
Historische Porträtfotografien: Mary, Februar 1902, Graphiksammlung im Münchner Stadtmuseum; Lydia Feez als *Verwundete Amazone,* um 1904; Franz von Stuck, um 1895, beide Museum Villa Stuck; alle anderen Fotos: Privatbesitz
Im Atelier: Franz von Stuck: *Franz und Mary Stuck im Atelier,* 1902, Privatbesitz, Foto: Wolfgang Pulfer; Franz von Stuck: *Der Wächter des Paradieses,* 1889, Museum Villa Stuck, Foto: Wolfgang Pulfer
Stilmix-Collage: Johanna Berüter
Monster-Quartett: Medusa Rondanini im Vestibül, Museum Villa Stuck, Foto: Wolfgang Pulfer; Franz von Stuck: *Sphinx,* 1904, Hessisches Landesmuseum Darmstadt (Leihgabe der Bundesrepublik Deutschland), Foto: Wolfgang Furmannek; Franz von Stuck: *Dissonanz,* 1910, Museum Villa Stuck, Foto: Wolfgang Pulfer; Franz von Stuck: *Herkules und die Hydra,* 1915, Museum Villa Stuck, Foto: Wolfgang Pulfer
Plakat: Internationale Hygiene-Ausstellung Dresden, 1911, Museum Villa Stuck, Foto: Wolfgang Pulfer **Buchabbildungen:** Franz von Stuck: *Ullsteins Weltgeschichte,* Berlin 1910; Frank Wedekind: *Frühlingserwachen,* München 1908; *PAN Prospect-Buch* 1898, Museum Villa Stuck, Fotos: Nikolaus Steglich

MUSEUM VILLA STUCK

Direktor: Michael Buhrs
Wissenschaftlicher Mitarbeiter: Roland Wenninger
Leitung Sammlungen Franz von Stuck / Jugendstil: Margot Th. Brandlhuber
Volontärin: Josepha Brich
Kuratorin / Leitung Ausstellungen: Dr. Verena Hein
Ausstellungskoordination: Nadja Henle (in Elternzeit), Sara Kühner, Dr. Sabine Schmid (in Elternzeit)
Leitung Vermittlung: Anne Marr
Vermittlung: Johanna Berüter
Ausstellungstechnik: Christian Reinhardt
Presse- und Öffentlichkeitsarbeit: Birgit Harlander, Anja Schneider
Verwaltungsleitung: Gudrun Gaschler, Annette Schier
Buchhaltung: Sylvia Obermeier
Technischer Dienst: Wolfgang Leipold
Leitung Aufsichtsdienst: Georgios Sidiropoulos, Erwin Richter

Museum Villa Stuck
Prinzregentenstr. 60
D-81675 München
www.villastuck.de
Ein Museum der Stadt München

Mit Unterstützung von

Herausgeber: Johanna Berüter, Michael Buhrs, Anne Marr
Idee: Johanna Berüter, Anne Marr
Konzept / Gestaltung / Illustration: Ulrike Steinke
Wissenschaftliche Beratung: Margot Th. Brandlhuber
Autoren: Johanna Berüter, Anne Marr, Ulrike Steinke
Redaktion: Johanna Berüter, Nadja Henle, Anne Marr
Lektorat: Tina Rausch

© 2018 Ulrike Steinke, die Autoren, Museum Villa Stuck und Sieveking Verlag, München
www.sieveking-verlag.de

Gesamtherstellung
Sieveking Verlag, München

ISBN 978-3-944874-81-4

Printed in Germany

Erschienen im
Sieveking Verlag
www.sieveking-verlag.de